BÉRANGER

Paris. — Typ. de Gaittet rue Git-le-Cœur, 7

E. Gervais   del et Sc.

BÉRANGER

Imp. F. Chardon Aî 30, r Hautefeuille. Paris

LES CONTEMPORAINS

BÉRANGER

PAR

EUGÈNE DE MIRECOURT

PARIS

GUSTAVE HAVARD, ÉDITEUR

19, BOULEVARD DE SÉBASTOPOL

rive gauche

L'Auteur et l'Éditeur se réservent tous droits de reproduction.

1859

BÉRANGER

Découvrons-nous, et saluons le roi de la gaieté, l'homme qui a le mieux compris la France et le cœur du peuple.

A toi, vieux Béranger !

Tu es venu t'asseoir, il nous en souvient, près de notre berceau. Nous t'écoutions sans comprendre encore; mais déjà tes notes joyeuses charmaient notre oreille.

Souriante et légère, une déesse inconnue passait dans nos rêves d'enfant; elle nous montrait le banquet de la vie tout éblouissant de fleurs et d'amour.

C'était la fée de la chanson; c'était ta muse, ô poëte!

Et, plus tard, quand vint l'adolescence, quand sous notre poitrine commencèrent à battre les instincts généreux, qui éveilla ces instincts? Toi. Qui nous parla le premier d'honneur et de gloire? Toujours toi.

Les échos de notre âme répétaient tes chants de liberté; tu jetais en nous l'enthousiasme, tu nous apprenais à aimer la patrie.

Et la fée continuait de traverser nos rêves.

Mais elle avait un autre sourire, mais son œil était vif et mutin, mais elle retroussait gaiement sa robe et trottait d'un pied leste, en nous invitant à la suivre.

> Francs amis des bonnes filles,
> Vous connaissez Frétillon :
> Ses charmes aux plus gentilles
> Ont fait baisser pavillon.

Il nous semble la voir encore. Que sa joue est fraîche, sa jambe fine et sa tournure agaçante! Ah! friponne! nous ne reconnaissons plus en vous la blanche apparition de notre enfance! Vous êtes la reine du plaisir, de la joie, de l'amour et des festins.

N'importe, soyez la bienvenue!

Lorsque nous vous regardons de près, au

réveil, il nous semble que vous vous appelez aussi Lisette. Approchez, alors ; parlez bas, et dites-nous quelques-uns des secrets du vieux chansonnier.

Mais non, tu n'as pas de secrets, ô poëte !

Ta vie est un beau rayon qui ne s'est jamais caché sous l'ombre de l'hypocrisie et du mystère. On connaît ton histoire, et nous n'apprendrons rien à personne.

Seulement, cette histoire est comme tes chansons : plus on la répète, plus on l'aime. . . . .
. . . .

Pierre-Jean de Béranger est né à Paris, le 17 août 1780, dans une maison de la rue Montorgueil, n° 50, où son grand-père exerçait la profession de tailleur.

On se demande tout d'abord d'où vient la particule qui s'accole au nom de Béranger. Comme ce n'est évidemment point une usurpation, nous nous sommes renseigné à cet égard. Il résulte des informations prises que le chansonnier descend des anciens Bérenger de Provence.

Le nom de ceux-ci prenait un *e* au lieu d'un *a*.

— Mais, dit en riant le poëte quand on lui parle de cette irrégularité, oubliez-vous que les nobles d'autrefois ne savaient pas signer, ou signaient mal? Un de mes ancêtres a bien pu se tromper de lettre.

Il existe un arbre généalogique dressé par les soins du père même de Béranger, qui s'occupait très-peu de son fils et beaucoup de sa noblesse. Homme aventureux et mécontent de sa position, il courut toute sa vie après la fortune sans pouvoir l'atteindre.

Plus philosophe que l'auteur de ses jours, Béranger relégua son arbre généalogique au fond d'une armoire, et fit bon marché de ses titres nobiliaires.

Eh quoi! j'apprends que l'on critique
Le *de* qui précède mon nom.
Êtes-vous de noblesse antique?
Moi, noble? Oh! vraiment, messieurs, non!
Non, d'aucune chevalerie
Je n'ai le brevet sur vélin;
Je ne sais qu'aimer ma patrie.
Je suis vilain et très-vilain!

Il est toutefois bizarre, nous dira-t-on, qu'il garde cette particule, écrite encore aujourd'hui au frontispice de ses œuvres. A cela nous répondrons qu'il l'avait effacée

dans ses premiers recueils; mais il crut
devoir la rétablir. Les petits journaux four-
millaient d'écrivains qui portaient le même
nom que lui, et auxquels on faisait honneur de ses vers.

Il y eut un jour une chose beaucoup
plus grave.

Les rédacteurs de la *Quotidienne* at-
tribuèrent une de ses chansons politiques à M. Béranger, auteur de la *Morale en action* et du *Recueil amusant
des Voyages*. Inspecteur de l'Université,
celui-ci pouvait perdre sa place. Notre
chansonnier réclama toute la respon-
sabilité de l'œuvre, la *Quotidienne* fit
la sourde oreille et n'inséra point ses
lettres.

Ce fut à partir de ce jour qu'il signa

J.-P. de Béranger, pour ne plus être confondu avec personne.

Quand la révolution de Juillet eût porté la bourgeoisie sur le trône à côté de Louis-Philippe, quelques scrupuleux patriotes vinrent dire au chansonnier :

— Supprimez le *de*, mon cher ; cela n'est plus convenable.

—Bah ! répondit-il, est-ce que ma profession de foi n'est pas connue ? Si j'étais marquis, je signerais *Marquis de Béranger* : ce serait plus drôle.

Confié par ses parents à la garde de son grand-père, il resta jusqu'à l'âge de neuf ans à Paris, gâté par le bon tailleur, apprenant à peine à lire et courant les rues, du matin au soir, avec les enfants de son âge. Dans une de ces courses vagabondes, il

suivit, le 14 juillet 1789, la foule ameutée
qui se dirigeait vers le faubourg Saint-An-
toine, et il vit briser les portes de bronze
de la Bastille.

Ce magnifique triomphe du peuple ne
sortit jamais de sa mémoire. Il le chanta,
plus d'un demi-siècle après, dans un cachot de la Force.

> Pour un captif, souvenir plein de charmes !
> J'étais bien jeune ; on criait : Vengeons-nous !
> A la Bastille ! aux armes ! vite aux armes !
> Marchands, bourgeois, artisans, couraient tous.
> Je vois pâlir et la femme et la fille ;
> Le canon gronde aux rappels du tambour.
> Victoire au peuple ! il a pris la Bastille !
> Un beau soleil a fêté ce grand jour.

L'enthousiasme patriotique de Béranger
date de cette époque. Son grand-père, qui
l'avait bercé dans les principes de la Révolution, l'eût volontiers conservé près de

lui ; mais les troubles de la rue devenaient chaque jour plus graves, et la curiosité de l'enfant pouvait exposer ses jours.

On le conduisit au coche de Péronne. Béranger partit pour la cité picarde, où sa tante maternelle tenait auberge.

Il dut changer là de manière de vivre.

Quand il eut visité tout ce qu'il y a de curieux à Péronne, c'est-à-dire la tour du vieux château gothique où fut enfermé Charles le Simple, on lui signifia qu'il fallait rester au logis et ne plus vagabonder, sous peine de correction.

La tante était sévère et fort dévote.

Elle mit Béranger tout d'abord à l'étude du catéchisme, étude pour lui médiocrement attrayante et qui lui suggéra l'idée de fureter dans la bibliothèque, pour voir si d'autres livres ne l'amuseraient pas davantage.

Il fit la découverte du Télémaque, des œuvres de Racine et de quelques volumes de Voltaire..

Quel trésor !

Mais les doctrines semées dans le dernier ouvrage n'étaient pas de nature à disposer merveilleusement Béranger à sa première communion. Le scepticisme du patriarche de Ferney passa quelque peu dans le cerveau de l'enfant, qui en donna bientôt une preuve assez originale.

Un orage venait d'éclater sur Péronne.

Les coups de tonnerre se succédaient si précipités et si terribles, que l'auberge tremblait jusque dans ses fondations.

Béranger regardait sa tante multiplier

les signes de croix et asperger d'un bout à l'autre la chambre d'eau bénite, afin de conjurer la chute de la foudre. Il allait se permettre quelques observations peu chrétiennes sur l'efficacité de ces mesures préservatrices, lorsque la fenêtre s'ouvrit avec un fracas épouvantable.

Attiré par le courant d'air, le fluide électrique éclata soudain et renversa l'enfant sur le parquet.

Longtemps on le crut mort. Il fallut plus d'une heure pour le rappeler à la vie.

Sortant enfin de son évanouissement, il regarda sa tante, agenouillée devant la chaise longue où on l'avait étendu.

— Eh bien, dit-il, à quoi sert ton eau bénite?

Scandalisée par une saillie antireligieuse

peu ordinaire à cet âge, la bonne tante eut
des soupçons, visita la chambre du jeune
incrédule et découvrit les volumes de Voltaire, qu'elle regretta sincèrement de n'a-
voir pas condamnés au feu, à la mort de
son mari. La présence de ces livres ré-
prouvés expliqua la chute de la foudre, et
les lectures du neveu furent impitoyable-
ment réduites au catéchisme pur et simple.

Parlant, il y a quelques années, à un
médecin, de l'accident qui avait failli lui
coûter la vie, Béranger manifestait sa surprise et ne comprenait pas, disait-il, qu'il
eût survécu à ce coup de tonnerre. Or,
comme les médecins expliquent tout, celui-ci déclara que l'absence d'électricité
dans le corps du poëte avait atténué l'effet
de l'électricité de la nue.

— Bon ! fit Béranger ; merci, docteur :
je me doutais bien que je n'étais pas d'une
nature foudroyante.

Notre chansonnier ne croit guère plus
aujourd'hui à la médecine qu'il ne croyait
jadis à l'eau bénite. Il refuse, comme
beaucoup d'autres, le nom de science à
cet art boiteux qui ne marche que par tâ-
tonnements. Une science a des principes
fixes, mathématiques, immuables, et la
médecine n'a jamais été, depuis Esculape,
qu'une tour de Babel, où les systèmes
s'embrouillent et se confondent comme
autrefois les langues. Un praticien purge,
l'autre saigne ; la sangsue est ennemie du
séné ; l'hydropathe et l'homœopathe se
prennent à la gorge, et la sotte espèce hu-
maine a confiance !

Revenons à la jeunesse du poëte.

A cette époque, les hommes du pouvoir menaçaient déjà de persécuter les prêtres et de fermer les églises. Béranger fit sa première communion à onze ans et demi.

Pendant quelques mois encore il resta près de sa tante à l'aider dans le soin de son auberge, puis il entra à l'Institut patriotique, fondé à Péronne par un membre de l'Assemblée législative, Ballue de Bellanglise, grand citoyen qui essayait de propager au sein des écoles les doctrines révolutionnaires.

Il ne voulait pas qu'on apprît le grec et le latin aux élèves.

Chaque article du programme de la classe tendait à initier ces pauvres enfants aux manœuvres des clubs. On leur faisait écrire et débiter des harangues; ils rédigeaient des lettres à Tallien ou à Robespierre, et ce devait être un curieux spectacle que celui de tous ces petits démagogues; se querellant comme des hommes et donnant leur opinion sur les affaires publiques.

Dans la crainte de se rendre suspecte, la tante du jeune Béranger n'osait pas le retirer de cette école.

Un honnête imprimeur de l'endroit lui proposa de prendre l'enfant en apprentissage, et cela servit de prétexte pour l'arracher aux doctrines de M. Ballue de Bellanglise.

Le petit clubiste regretta son école bruyante.

Il était le plus fort dans les discussions,

le plus éloquent dans les harangues, et
c'était lui qui tournait le mieux les lettres
à Robespierre.

Voilà justement ce qui inquiétait la
bonne ante. Une révolution qui fermait
les temples chrétiens lui faisait peur. Dé-
sirant avant tout inculquer des principes
de saine morale à l'enfant dont elle prenait soin, elle craignait que l'Institut patriotique ne remplît ce but que médiocrement.

Ce n'est pas la tante de Béranger qui
l'a fait républicain; mais le républicain
lui doit d'être resté toujours honnête
homme.

L'imprimeur de Péronne[1], découvrant

_____
[1] Cet imprimeur se nommait Laisné.

chez son jeune compositeur une intelligence rare et une passion réelle à chercher tout ce qui pouvait l'instruire, le prit en affection, dirigea ses lectures, acheva de le fortifier dans l'étude de la langue, et lui donna moyen de compléter son éducation par ses travaux mêmes. En composant une édition d'André Chénier, Béranger s'essaya pour la première fois dans l'art des vers. Son maître surprit quelques-unes de ses rimes, et vint au secours de son inexpérience en lui apprenant les règles de la prosodie française.

Dès ce jour, la vocation du jeune homme fut décidée.

Quand il revint à Paris, son père, alors dans un état de fortune assez heureux, lui demanda ce qu'il voulait être.

— Je veux être poëte, répondit Béranger.

Pendant dix-huit mois il courut pas-
sionnément aux représentations théâtrales,
plaisir tout nouveau pour lui et qui, dit-
on, servait à le distraire de ses premiers
chagrins d'amour.

Il connaissait déjà cette Lisette adorée,
qu'on trouve à côté de lui au début de sa
carrière, démon gracieux qui bouleversa
plus d'une fois sa tête en conservant
l'empire de son cœur.

> Lisette, ma Lisette,
> Tu m'as trompé toujours;
> Mais vive la grisette !
> Je bois à nos amours.

Lisette n'avait pas pu le suivre de Péronne à Paris. Béranger gardait l'espé-

rance de la revoir. Il se mit à travailler
avec courage, et le théâtre, qu'il continuait de fréquenter chaque jour, lui in-
spira l'idée de s'essayer dans la comédie.
Les mœurs extravagantes du Directoire,
où l'on voyait des hommes efféminés et
sans vigueur se conduire comme des
femmes, laissant à celles-ci le rôle de
l'ambition, de l'intrigue et de la puissance,
lui fournirent son sujet.

Il écrivit les *Hermaphrodites*.

« Mais ayant lu avec soin Molière, dit
M. de Sainte-Beuve, qui a l'habitude de
mettre un peu de poison partout, même
dans la coupe de l'éloge, il renonça, par
respect pour ce grand maître, à un genre
d'une si *accablante difficulté*. Molière et
La Fontaine faisaient sa perpétuelle étude;

il savourait leurs *moindres détails* d'ob-
servation, de vers, de style, et arrivait *par*
eux à se deviner, à se sentir [1]. »

M. de Sainte-Beuve, avec sa ruse et sa
finesse habituelles, accuse notre chansonnier de n'être qu'un reflet de La Fontaine
et de Molière.

Certes, l'étude peut et doit amener la
révélation d'un talent comme celui de Béranger ; mais ce talent ne procède que de
lui-même, n'en déplaise à M. de Sainte-
Beuve. S'il n'a pas eu l'idée sournoise
que nous lui attribuons, il nous donne au
moins, par sa phrase ambiguë, le droit de
le supposer. M. de Sainte-Beuve sait à mer-
veille qu'en lisant Molière on ne trouve

[1] *Portraits contemporains*, tome I, page 67.

pas le théâtre d'une *accablante difficulté*.
C'est le propre des maîtres, et de celui-là
surtout, de laisser croire, à force de na-
turel, à la facilité du genre. Béranger
brûla sa comédie, non parce qu'il déses-
pérait d'atteindre à la hauteur de Molière
(qui vous donne cette audace de rogner
les ailes du génie et de l'accuser d'im-
puissance?), mais parce qu'il avait eu le
tort de choisir un sujet d'actualité. Sous
peine de perdre tout son charme, la pièce
des *Hermaphrodites* exigeait une repré-
sentation-immédiate. N'ayant pas réussi à
la faire jouer sous le Directoire, Béranger
la condamna au feu, comme plus tard,
dans un jour de dépit, il brûla tout un
volume dont la censure n'autorisait pas la
dédicace.

Il est permis aux riches de prodiguer leur fortune.

A cette époque, un tourbillon rimé flottait dans le cerveau de notre poëte. Il parcourait, comme l'abeille, le vaste champ de la littérature et goûtait à toutes les fleurs. Tour à tour il passa de la comédie à la ballade, de la ballade à l'idylle, de l'idylle au dithyrambe, du dithyrambe à l'ode, et de l'ode au poëme épique, jusqu'au jour où il alla définitivement s'asseoir sur le trône de la chanson [1].

---

[1] Béranger avait déjà débuté à Péronne par des chansons, publiées en 1797 dans un recueil appelé la *Guirlande de roses*. Il regardait alors comme indigne d'un vrai poëte ce genre, qu'il a porté, depuis, jusqu'au sublime. *Clovis* était le titre de son poëme épique, dont on ne retrouve plus aucune trace. Le *Rétablissement du culte*, le *Déluge* et le *Jugement dernier* lui ont fourni le sujet de ses dithyrambes. Ses idylles s'appe-

Presque toujours le hasard seul décide du genre dans lequel un homme de génie trouve son illustration.

– Si le tapissier Poquelin eût un peu moins brutalisé son fils, celui-ci n'aurait pas fait une fugue pour aller s'associer à des histrions de province, et le théâtre n'aurait pas eu son flambeau. Sans l'hospitalité de madame de la Sablière et sans le calme heureux dont il put enfin jouir chez sa protectrice, jamais La Fontaine n'eût écrit ses fables. Sans les troubles politiques, sans la misère et sans Lisette, Béranger n'aurait pas composé ses chansons.

---

laient le *Pèlerinage* et la *Courtisane*; la seconde était en quatre chants. Il ne reste plus rien des premières odes de Béranger, ni de ses ballades.

Prétendre que ces trois grands hommes ne seraient pas devenus célèbres si les circonstances eussent autrement dirigé leurs travaux serait dire une véritable sottise. Le génie est comme un foyer de lumière : il illumine tout ce qu'on expose à sa clarté.

La fortune apparente dans laquelle Béranger avait retrouvé sa famille tenait aux intrigues royalistes, dont son père était un des meneurs les plus adroits ; elle disparut après la découverte de ces intrigues par le pouvoir.

Une gêne complète succéda presque sans transition à l'opulence.

Dénué de toute espèce de ressource et n'en trouvant pas encore dans sa plume, Béranger résolut de partir pour l'Égypte.

Une émigration presque aussi considérable, mais beaucoup plus imprudente que celle qui se porte, de nos jours, vers l'Algérie, était entraînée sur les bords du Nil par la conquête de Bonaparte.

Le poëte ne voulait pas se faire soldat.

Il songeait tout simplement à obtenir en Égypte quelque emploi civil ; mais un ancien membre de l'Institut du Caire, M. Parseval-Grandmaison, qu'il consulta sur son projet, lui conseilla fortement de rester en France et le prévint que la colonie égyptienne n'avait point d'avenir.

Béranger resta donc.

Il se trouvait, disons-le, presque heureux de sa pauvreté, car ses opinions étaient en désaccord direct avec celles de son père. L'argent royaliste ne le tentait pas.

Fort de ses illusions et de ses vingt ans,
il se mit à chanter et à rire au nez de la
misère.

Lisette était venue le rejoindre, Lisette
était presque libre ! Elle lui rendait de
fréquentes visites dans sa mansarde, et
tous les rayons de l'amour et du bonheur
y pénétraient avec elle.

> Pan! pan! est-ce ma brune,
> Pan! pan! qui frappe en bas?
> Pan! pan! c'est la Fortune;
> Pan! pan! je n'ouvre pas.
> Tous mes amis, le verre en main,
> De joie enivrent ma chambrette;
> Nous n'attendons plus que Lisette:
> Fortune, passe ton chemin!

« Toute l'histoire de Béranger, dit Qué-
rard, est dans ses chansons. Cela dure
plus que des médailles de bronze. »

La philosophie du jeune amant de Li-

sette était sincère. De gais et francs cama-
rades l'entouraient alors, et Roger Bontemps était du nombre [1]. Le mobilier de
celui-ci ressemblait en tous points à celui
du poëte.

Posséder dans sa hutte
Une table, un vieux lit,
Des cartes, une flûte,
Un broc que Dieu remplit,
Un portrait de maîtresse,
Un coffre et rien dedans:
Eh gai! c'est la richesse
Du gros Roger Bontemps.

[1] N'en déplaise à la *Revue des Deux-Mondes*, ce
type a existé de nos jours. On peut voir encore
aujourd'hui, chez M. Édouard Donvé, bijoutier au Palais-Royal, un portrait de Roger Bontemps, lithogra-
phié par Charlet. Roger Bontemps de son véritable
nom s'appelait Dilloux. Il buvait comme Silène, et sa
circonférence était celle d'un tonneau. Il envoya un
jour à ses amis l'invitation à dîner suivante : « Je viens
enfin d'atteindre mes 350 livres (175 kilogrammes, bon.
poids). La science s'en réjouit : elle sait maintenant
jusqu'où la peau d'un mortel peut s'étendre. Resterons-

Ce fut dans ces mansardes heureuses, qu'on entendit chanter pour la première fois la *Gaudriole*, *Mon vieil habit*, les *Gueux*, et le *Grenier*, qui était de circonstance. Jeanneton, Suzon, Manon, Frétillon, montaient gaiement comme Lisette !

nous indifférents devant un aussi beau travail de la nature ? Non ! Alors nous dînerons samedi prochain, 28 juillet, chez la mère Saguet. Le repas sera servi à cinq heures précises. J'y serai, il y aura gras. »

¹ Une femme du monde manifestait beaucoup de surprise, et nous dirions presque un peu d'indignation au sujet de ce vers du *Grenier* :

J'ai su depuis qui payait sa toilette.

« Ah ! ma chère amie, lui répondit le poète, que nous entendons l'amour différemment ! Vous avez donc une bien mauvaise idée de cette pauvre Lisette ? Elle était cependant si bonne fille, si folle, si jolie ! je dois même dire si tendre ! Quoi ! parce qu'elle avait une espèce de mari qui prenait soin de sa garde-robe, vous vous fâchez contre elle ! Vous n'en auriez pas eu le courage si vous l'aviez vue alors. Elle se mettait avec tant de goût, et tout lui allait si bien ! D'ailleurs, elle n'eût pas mieux

5

les six étages ; on vidait bouteille sur bou
teille....

　　　Et le traiteur faisait crédit !

　　Mais tous les traiteurs du monde se las-
sent quand on les paye avec des chansons,
et il n'y a plus de philosophie possible en
présence de la faim. Le spectre pâle et dé-

dèmandé que de tenir de moi ce qu'elle était obligée
d'acheter d'un autre. Mais comment faire ? J'étais si
pauvre : la plus petite partie de plaisir me forçait à vivre
de panade, que je faisais moi-même, tout en entas-
sant rime sur rime, et plein de l'espoir d'une gloire
future. Rien qu'en vous parlant de cette riante époque
de ma vie, où, sans appui, sans pain assuré, sans in-
struction, je me rêvais un avenir, tout en ne négli-
geant pas les plaisirs du présent, mes yeux se mouil-
lent de larmes involontaires. Oh ! que la jeunesse est
une belle chose, puisqu'elle peut répandre du charme
jusque sur la vieillesse, cet âge si déshérité et si pauvre ! Employez bien ce qui vous en reste, ma chère
amie. Aimez et laissez-vous aimer. J'ai bien connu ce
bonheur, c'est le plus grand de la vie. »

charné vint, un beau jour, mettre en fuite
la bande joyeuse.

Béranger ne voulait pourtant pas mourir, et surtout mourir d'un excès d'ap-
pétit.

Il rassembla sous une même enveloppe
toutes ses pièces de vers, fragments de
poëme épique, odes, idylles, dithyrambes,
et envoya le paquet à Lucien Bonaparte,
frère du premier consul.

On avait dit à Béranger que Lucien
protégeait les lettres.

Cet envoi poétique représentait un espoir suprême, et cependant il était ac-
compagné d'une épître où l'orgueil de
l'ancien élève de l'Institut patriotique se
plaignait amèrement d'être obligé de re-
courir à un protecteur.

Nous croyons que ce fut précisément
cette fière requête qui charma Lucien. Il
appela le poëte à son hôtel, causa longue-
ment avec lui de ses œuvres, en fit l'éloge
et le questionna sur sa position avec beaucoup de bienveillance.

Béranger n'osa pas dire à quel comble
de détresse il était réduit; Lucien le de-
vina.

—Je veux, dit-il au jeune homme, que
le besoin ne vienne pas vous persécuter
dans vos travaux. Comptez sur moi pour
la vie matérielle, et ne vous en inquiétez
plus.

Malheureusement Lucien encourut presque aussitôt la disgrâce de son frère, qui
venait de se couronner du diadème impé-
rial. Il partit pour l'Italie. Béranger se

croyait déshérité de toutes ses espérances ; mais il reçut la lettre suivante, datée de Rome.

« Je vous prie d'accepter mon traitement de l'Institut, et je ne doute pas que, si vous continuez de cultiver votre talent par le travail, vous ne soyez un des ornements de notre Parnasse. Soignez surtout le rhythme ; ne cessez pas d'être hardi, mais soyez plus élégant. »

Sous le même pli se trouvait la procuration nécessaire pour toucher la pension académique.

Le cœur de Béranger débordait de reconnaissance, mais il ne put que trente années plus tard l'exprimer dans ses écrits : la censure de l'Empire défendit expressément

au poëte l'éloge d'un exilé[1]; plus tard,
celle de la Restauration ne voulut pas souf-
frir qu'on traitât un Bonaparte en Mécène,
et ce fut seulement après la révolution de
Juillet qu'il fut permis à Béranger de dé-
dier le quatrième volume de ses œuvres à
son protecteur.

Le traitement de l'Institut fut payé jusqu'en 1812 au mandataire de Lucien.

« Il est curieux, dit fort méchamment
M. de Sainte-Beuve, qu'un homme qui ne
veut pas être de l'Académie ait commencé
par avoir part à des émoluments d'Académie. »

Voilà bien une véritable flèche de Parthe !

---

[1] En tête d'un recueil de *poésies pastorales*, Béranger avait écrit une dédicace chaleureuse à Lucien; ce
fut ce recueil qu'il brûla dans un premier mouvement
d'indignation.

M. de Sainte-Beuve la décoche et s'enfuit immédiatement par le sentier de l'éloge. Il n'ignore pas que cette phrase perfide a dû faire plus de mal à Béranger que toutes les congratulations qui suivent ne lui ont causé de plaisir.

On ne doit rien, absolument rien, sachez-le, monsieur de Sainte-Beuve, au banquier qui, sur la présentation d'un billet à ordre, vous ouvre sa caisse. Béranger ne doit donc rien à l'Académie, pas même sa présence, dont il continuera probablement à ne point l'honorer, quand même il devrait s'y asseoir à côté de vous.

En 1804, les lois sur la conscription devenaient terribles. Heureusement elles n'atteignirent pas l'amant de Lisette:

On ne songeait point à lui, et sa con-

science lui démontrait peu la nécessité
d'aller se mettre à la bouche du canon.
« Si l'on vient me chercher, pensait-il,
j'irai me faire tuer comme les autres; mais
qu'ils me trouvent, je ne me cache pas! »
Du reste, en prenant un sabre pour aider
César à vaincre, il eût beaucoup moins fait
pour la gloire du héros qu'en la célébrant
par ses vers.

Béranger chantait l'honneur national, le
patriotisme et la victoire; mais il chantait
seulement pour ses amis et pour Lisette.

Il ne voulait pas donner au public tous
ces délicieux petits poëmes qui tombaient
naturellement de sa plume, comme les
notes sonores tombent du gosier du rossi-
gnol; il n'avait des entrailles de père que
pour ses dithyrambes et pour son épopée

de *Clovis*, en faveur de laquelle il entas-
sait chaque jour matériaux sur matériaux.

Le traitement académique ne conduisait
pas loin notre poëte, alors dans tout le feu
de la jeunesse et des passions; il se créa
d'autres ressources et travailla, de 1805 à
1806, aux *Annales du Musée*. Trois ans
plus tard, dégagé de toute crainte au sujet
de la conscription par l'amnistie proclamée
le jour du mariage de Marie-Louise, il alla
porter à M. Arnault, de l'Institut, plusieurs
lettres de Lucien, avec lequel il entretenait
une correspondance suivie.

M. Arnault recommanda le jeune homme
à M. de Fontanes, et celui-ci attacha Béranger à son secrétariat, avec le titre de
commis expéditionnaire.

Surpris d'entendre chanter, un jour,

dans ses bureaux, les couplets du *Roi d'Y-vetot*[1], le grand maître de l'Université demanda la chanson pour la porter à l'empereur.

Napoléon parcourut les vers de Béranger et se mit à rire aux éclats, en voyant cette douce et joyeuse critique de ses conquêtes et de son règne.

— Savez-vous l'air? demanda-t-il à M. de Fontanes.

— Oui, sire, répondit le grand maître.

Et il fredonna les notes faciles de la chanson.

Les courtisans, surpris, entendirent tout un soir l'empereur, qui avait retenu l'air

[1] Il est rare que les employés ne fassent pas un peu d'opposition au gouvernement qui les paye. Béranger fit comme ses collègues.

et le refrain, chantonner entre ses dents :

Oh! oh! oh! oh! ah! ah! ah! ah!
Quel bon petit roi c'était là !
La, la.

Béranger sut l'anecdote. Il composa sur
le champ le *Sénateur*, épopée bouffonne
en sept couplets, qui amusa les Tuileries
autant que le *Roi d'Yvetot*. Cela ne donnait d'inquiétude à personne, et le commis
de M. de Fontanes eut la liberté de rimer
tout à l'aise. Mais, enhardi par cette tolé-
rance, il alla parfois un peu loin, sinon
dans ses vers, du moins dans ses discours.

On l'invitait aux soirées du ministre.

A l'une de ces soirées, il entendit un de
ses collègues du secrétariat pérorer dans un
groupe et dire avec emphase :

— Alexandre seul pouvait dompter Bu-
céphale; un autre que Napoléon le Grand
ne pourrait aujourd'hui dompter la
France.

— Oh! oh! fit Béranger, interrompant
l'orateur, tu compares la France à Bucé-
phale? Eh bien, mon cher, tu ferais mieux
de la comparer à un âne : elle te dirait
peut-être où le bât la blesse.

Le mot parut audacieux.

Il fut répété au ministre, et l'expéditionnaire reçut une verte semonce.

Avant d'être imprimées, les deux chansons dont nous avons parlé tout à l'heure
étaient déjà populaires. Le *Caveau*, alors
dans toute sa gloire, fit des avances à Béranger. On le reçut membre de cette so-

ciété chantante, et Désaugiers lui offrit un
siége à sa droite.[1].

Ceci avait lieu à la fin de 1813. L'année
suivante amena les alliés à Paris.

Malgré son mot piquant au sujet de Bu-
céphale, notre poëte professait une admiration très-vive pour le héros qui avait
couronné la France d'une auréole de gloire.
A un banquet, donné dans les salons du
Cadran-Bleu aux aides de camp d'Alexandre, il chanta la valeur française et se mo-
qua des alliés à leur barbe.

---

[1] Désaugiers fit à l'auteur du *Roi d'Yvetot* l'accueil le
plus aimable; mais Armand Gouffé n'imita point cet
exemple. Il voyait avec déplaisir le succès du nouveau
chansonnier. Timide comme un enfant, Béranger ne se
mit pas d'abord à l'unisson du *Caveau;* ses couplets
parurent médiocres; mais bientôt il s'aguerrit et sur-
passa tous les autres.

Notre gloire est sans seconde:
Français, où sont nos rivaux?
. . . .
Redoutons l'anglomanie,
Elle a déjà gâté tout;
N'allons point en Germanie
Chercher les règles du goût.
N'empruntons à nos voisins
Que leurs femmes et leurs vins.
Mes amis, mes amis,
Soyons de notre pays.

Les événements poussaient à la chanson
politique, et les couplets grivois, les flon-
flons amoureux, étaient pour l'instant pas-
sés de mode.

D'ailleurs Lisette avait disparu.

Comme une vierge folle, elle laissa,
quelque beau soir, sa lampe s'éteindre, et
le bien-aimé ne put la suivre dans les té-
nèbres.

Béranger renonça franchement à tous

ses autres poëmes pour se livrer au genre
qui lui attirait d'universels éloges. Paris
tout entier sut par cœur : *Vieux habits,
vieux galons; la Requête des Chiens de
qualité,* et la *Censure.* Cette dernière chanson, remarquable par sa hardiesse, allait
attirer sur les doigts du poëte un coup vi-
goureux de la férule universitaire ; mais
Napoléon débarqua de l'île d'Elbe, et le
gouvernement des Cent-Jours offrit de l'a-
vancement à Béranger.

On lui proposa une place dans la censure impériale. Il se mit à rire et montra
le manuscrit de sa chanson.

— Quoi ! dit-il, vous me feriez passer à
l'état de *rat de cave littéraire* [1] ? Bien
obligé !

[1] Nom qu'il donnait aux censeurs dans ses couplets.

Il resta dans son modeste emploi.

Comme beaucoup de royalistes appe-
laient alors de tous leurs vœux le retour
des Cosaques, il prouva par de nouveaux
couplets que l'*opinion de ces demoiselles*
était absolument conforme à celle de ces
messieurs.

> **Viv' nos amis,**
> **Nos amis les enn'mis!**

A la rentrée des Bourbons, Béranger
publia son premier recueil, sous le titre de
Chansons morales et autres. Il n'y avait
dans ce volume aucun hémistiche qui ne
fût déjà connu; mais l'impression de l'ouvrage ne lui attira pas moins une seconde
semonce, plus sévère que celle de *Bucé-
phale*, et une menace de destitution s'il
tombait dans la récidive.

— A la bonne heure, fit Béranger :
mieux vaut savoir à quoi l'on s'expose.

Voyant partir pour l'exil l'auteur de
Marius à Minturnes[1], devenu son ami et
son admirateur, il lui dédia la chanson des
Oiseaux.

La guerre à coups de rimes contre les
ridicules du faubourg Saint-Germain con-
tinua de plus belle. *Paillasse*, l'*Enfant
de bonne maison*, la *Marquise de Pre-
tintaille*, le *Marquis de Carabas* et l'*Habit de cour* sont de cette époque[2]. Imprimées sur feuilles volantes et vendues sous

[1] Arnault, le même qui l'avait recommandé jadis à
M. de Fontanes.

[2] Il fit en outre, vers 1816, un vaudeville intitulé
Attila, puis un autre appelé les *Caméléons*. Ce fut sa
dernière tentative au théâtre. Béranger, pour la seconde
pièce, était en collaboration avec Moreau et Wafflart.
Il ne voulut pas être nommé, et se contenta de ses en-
trées dans les coulisses.

le manteau, ces chansons ne portaient point de nom d'auteur ; elles pouvaient être attribuées à tout autre qu'à notre expéditionnaire.

On l'attendait à son deuxième recueil.

Mais Béranger ne le fit paraître qu'en 1821, et, le jour même de la mise en vente, il donna sa démission, afin de ne pas laisser à l'Université la joie de le mettre à la porte.

Ce second livre du poëte eut un succès immense.

On y voyait son génie déployer hardiment ses ailes et monter jusqu'aux plus sublimes élévations. Parmi la multitude des chefs-d'œuvre qu'il contient, on peut citer comme des odes, et comme des odes de premier ordre, le *Champ d'asile*, —

le *Dieu des bonnes gens*, — la *Sainte-Alliance des peuples*, — les *Deux Cousins*, — *Mon âme*, — les *Adieux à la Gloire*, — l'*Orage*, — les *Enfants de la France*, — le *Vieux drapeau*, — le *Chant du Cosaque*.

Le *Dieu des bonnes gens* fut chanté pour la première fois par Béranger lui-même à la barrière Mont-Parnasse. Voici comment et à quelle occasion.

Le cabaret de la mère Saguet[1], mis en vogue par le cénacle Thiers, Armand Carrel et Chenavard[2], donnait asile, en 1821, à une société chantante beaucoup moins

---

[1] Nous avions écrit *Saget* dans la biographie de Victor Hugo ; mais des réclamations nous ont été faites à cet égard, et nous rétablissons l'*u* oublié.

[2] On montrait en 1835, au comptoir de la mère Saguet, une carte de *trois livres douze sous*, au nom de Thiers, qui n'a jamais été payée.

aristocratique et plus nombreuse que celle
du *Caveau.* Elle se nommait la société du
Moulin-Vert ou du *Moulin-de-Beurre.*

Béranger fut élu président.

On compta bientôt les sociétaires par
milliers. Chacun d'eux avait le droit d'a-
mener sa famille.

Les salles du cabaret ne pouvant plu.
contenir la foule, on dressa les tables au
milieu de la plaine voisine, et parfois il y
en eut plus de cent, de huit à dix couverts
chacune, toutes garnies de leurs dîneurs.

Sur la table du président, à portée de
sa main, se trouvait un énorme cruchon,
au goulot duquel s'adaptait transversale-
ment un manche en bois de chêne. Ce
maillet monstrueux servait à frapper sur
la table et à réclamer le silence.

C'était la sonnette de Béranger.

Quand on apportait le potage, le président frappait trois coups. Tout le monde se levait, on criait : « Chapeau bas ! » et douze cents voix entonnaient, en guise de *Benedicite*, le quatrain suivant :

> Accourez au Moulin-Vert,
> Gais enfants de la folie !
> Pour vous, pour femme jolie,
> On met toujours un couvert.

Trois nouveaux coups étaient frappés par le président. Hommes, femmes, enfants, vieillards, se rasseyaient; puis l'on n'entendait plus, pendant une heure, que le cliquetis des verres, des couteaux et des fourchettes.

Il y avait là, près du roi de la chanson, comme des satellites autour d'un astre,

Charlet, Édouard Donvé, Eugène de Mon-
glave, Billoux, Amédée de Bast, Dumer-
san, Bellenger, Moreau, Albert Montémont,
Désaugiers et vingt autres.

Au dessert, le maillet, retentissant de
nouveau, annonçait qu'il était temps de se
faire inscrire, non pour les tours de parole,
mais pour les tours de chanson.

Désaugiers donna au Moulin-Vert la pri-
meur de *Madame Denis* et de *Ma fortune
est faite*; Édouard Donvé y chanta le
Trompette de Marengo et le *Vin à 4
sous*, en pinçant de la guitare; Montémont et Billoux y obtinrent les honneurs
du bis, l'un pour ses *Glissades*, l'autre
pour son *Coup de piqueton*.

Mais les plus beaux triomphes apparte-
naient à Béranger.

Le jour où il entonna le *Dieu des bonnes gens*[1], en présence de cette assemblée dont il était l'idole, il y eut des acclamations d'enthousiasme et des trépignements d'ivresse. C'était une nouvelle et magnifique révélation de son génie. Tous les fronts s'inclinaient devant le poëte national, tous les cœurs battaient d'orgueil, et le sien doit palpiter encore à ce souvenir.

Hélas! ce fut le dernier jour du Moulin-Vert!

Dans la foule il y avait un traître, et ce traître se nommait Martainville, rédacteur en chef du *Drapeau blanc*.

Journaliste sans vergogne, écrivain sans âme et sans conscience, il ne put suppor-

---

[1] On assure que ce fut le jour même où il donna sa démission à l'Université.

ter le triomphe d'un poëte qu'il regardait
comme son ennemi politique. Le lendemain il jeta sa bave sur le nom de Béranger, criant tout haut que l'auteur du *Dieu
des bonnes gens* entraînait le peuple à des
associations dangereuses.

Chaque jour Martainville faisait ainsi de
la police dans ses colonnes.

L'éveil fut donné par cet article perfide.
Honteux d'avoir été prévenu, le parquet se
hâta de poursuivre. Un mandat fut si-
gné, moins d'une heure après la dénonciation du *Drapeau blanc*, et l'on saisit
chez l'éditeur de Béranger quatre mille
exemplaires de son recueil.

Mais il y en avait déjà six mille de ven-
dus, sans compter les éditions qui s'im-
primaient et se distribuaient dans l'ombre.

Il était trop tard : déjà toute la France chantait en chœur les refrains de Béranger.

Marchangy, l'homme aux fougueux réquisitoires, traîna le poëte devant la cour d'assises.

L'accusation était terrible : il s'agissait d'un quadruple outrage à la morale publique, aux bonnes mœurs, à la religion et à la personne du roi.

Béranger fut condamné à trois mois de prison, sans compter l'amende, et, lorsque les sociétaires du *Moulin-de-Beurre* voulurent se réunir pour donner quelques marques de sympathie à leur président persécuté, ils furent reçus, non par la mère Saguet et ses garçons, mais par des commissaires de police et des gendarmes.

Ainsi finirent ces curieux dîners en plein air, qui n'avaient pas eu leurs semblables depuis les festins pantagruéliques et les noces de Gamache.

Marchangy attendait une condamnation plus rigoureuse.

Il n'aurait pas manqué de l'obtenir, si un homme de talent, qui depuis..... mais alors il n'était qu'avocat ! n'eût défendu le poëte et disposé les jurés à l'indulgence.

Voyant que les journaux avaient ordre de ne reproduire que l'acte d'accusation seulement, M. Dupin jeta les hauts cris et publia son plaidoyer avec les sept chansons condamnées. Il ne comprenait pas qu'on osât attenter à la *liberté de la presse.* Excellent homme ! Quelques années plus tard il a dû bien rire de sa candeur !

Béranger composa la *Muse en fuite*, le matin même du jour où il devait comparaître devant ses juges.

> Muse, voici la grand'salle....
> Eh quoi ! vous fuyez-devant
> Des gens en robe un peu sale,
> Par vous piqués trop souvent ?
> Revenez donc, pauvre sotte,
> Voir prendre à vos ennemis,
> Pour peser une marotte,
> Les balances de Thémis.

On envoya sous les verrous le poëte et sa muse.

Bientôt les *Adieux à la campagne*, la *Chasse*, l'*Agent provocateur* et *Mon carnaval* prouvèrent que la prison n'ôtait à Béranger ni sa gaieté ni sa verve.

Il sortit de Sainte-Pélagie au moment où arrivait la nouvelle de la mort de l'empereur à Sainte-Hélène.

La chanson, ce jour-là, jeta sa marotte
et prit le deuil. Ses strophes funèbres [1]
montèrent, comme un glorieux et suprême encens, vers l'âme du héros mar-
tyr.

Le troisième recueil de Béranger parut
en 1825 ; mais l'éditeur, par prudence,
ayant fait imprimer clandestinement et à
part les chansons dangereuses, le volume
expurgé ne fut l'objet d'aucune poursuite.
Le parquet garda ses foudres pour le quatrième recueil, contenant les *Révérends
Pères*, les *Chantres de paroisse*, les *Mis-
sionnaires* et la *Messe du Saint-Esprit*.
Nos bons jésuites y étaient aussi par
trop maltraités.

[1] *Le Cinq mai.*

Ils éperonnèrent de tous leurs aiguillons l'éloquence vengeresse de Marchangy, et le chansonnier fut jeté pour neuf mois dans une cellule de la Force.

Une condamnation aussi rigoureuse dut chagriner beaucoup la *Gazette de France*, qui conseillait d'envoyer tout simplement le *rimeur impie*, le *sale écrivain*, à Bicêtre.

Moins heureux que l'avocat Dupin, le nouveau défenseur du poëte, M. Barthe, ne put fléchir les jurés. Dix mille francs d'amende s'ajoutèrent aux neuf mois de prison. Jacques Laffitte ouvrit à l'instant même dans ses bureaux une souscription nationale, et le pays paya l'amende de Béranger.

Toutes les célébrités de l'époque, écri-

vains, députés, artistes, allèrent visiter le
poëte dans son cachot. Les plus illustres
furent ceux qui montrèrent le plus d'em-
pressement.

M. Viennet arriva le dernier.

Nous ne savons plus quelle énormité en
cinq actes, jouée et sifflée à la Comédie-
Française, avait causé ce retard.

— Eh bien! mon cher, travaillons-nous,
rimons-nous toujours? demanda M. Viennet avec ce ton bref et persifleur qui le dis-
tingue. Depuis tantôt six mois que vous
êtes ici, vous devez au moins avoir un volume tout prêt?

— Je vous trouve charmant, répondit
Béranger : croyez-vous qu'on fasse une
chanson comme une tragédie?

Pauvre M. Viennet! Jamais il n'a pu di-

gérer cette réponse. Il répète à qui veut
l'entendre que Béranger n'est qu'un faux
bonhomme. La médiocrité se blesse toujours en se frottant au génie.

— Ah çà ! disait un soir quelqu'un
chez Béranger, on n'entend plus parler de
l'auteur d'*Arbogaste.* Est-ce qu'il est
mort ?

— Par exemple ! y songez-vous ? répondit le poëte. Quand Viennet mourra, on le
saura bien, puisqu'il est immortel.

Il n'y a, certes, aucune raison pour que
l'esprit et la bonhomie ne soient pas frère
et sœur.

Béranger n'a jamais été jaloux de personne. On l'a vu regarder, en souriant,
ces luttes furieuses qui, de 1829 à 1834,
ont transformé la littérature en un vaste

champ clos, où le coup de poing pur et simple fut souvent employé comme argument péremptoire [1]. Notre poëte saluait le talent toutes les fois qu'il le voyait surgir à l'horizon des lettres, sans demander s'il conservait les vieilles formes pour langes ou s'il affranchissait son berceau.

Lorsque Chateaubriand publia le *Génie du Christianisme*, le *rimeur impie* fut un des premiers à l'applaudir.

Quand les *Harmonies* de Lamartine virent le jour, Béranger s'écria : « Un poëte nous est né ! »

Enfin, à l'apparition des *Odes et Ballades*, on le trouva partisan de Victor Hugo. « C'est un lion, disait-il : qu'on laisse croî-

---

[1] A la représentation d'*Hernani*, le parterre fut jonché de pans d'habits déchirés et de chapeaux défoncés.

tre ses ongles, et le troupeau classique sera dévoré. »

Puisque nous avons prononcé le nom de Chateaubriand, disons que, toute politique à part, il devint l'ami le plus intime de Béranger. Ces deux gloires avaient des points de contact, ces deux illustrations se donnaient fraternellement la main en dehors des querelles de partis.

Le jour où Chateaubriand tomba du ministère, il alla rendre visite au chansonnier [1].

Quelqu'un dénonça le fait à la *Gazette de France*, qui prit aussitôt la plume avec colère et offrit à ses lecteurs le gracieux fait-Paris suivant :

[1] Béranger demeurait alors avec Manuel, rue des Martyrs.

« Hier M. de Chateaubriand a reçu sa démission. Il a quitté son hôtel de minis-tre et s'est rendu à sa maison de la rue d'Enfer. Là, il s'est, habillé en jeune homme, ce vieillard ; il a mis une redin-gote légère, a pris une badine à la main et s'est rendu au n° 21 de la rue des Mar-tyrs. L'auteur du *Génie du Christia-nisme* allait voir l'auteur du *Bon Dieu.* »

C'était une dénonciation moins dange-reuse que celle de Martainville, mais tout aussi perfide.

L'intolérance royaliste fatiguait Chateau-briand plus qu'on ne le saurait dire, et les maladroites attaques de son propre parti, plutôt que la fréquentation de Béranger, contribuèrent à le refroidir pour la cause des rois légitimes.

Avec l'auteur d'*Atala* se rencontraient rue des Martyrs une foule de jeunes littérateurs de l'époque, au nombre desquels nous citerons Émile et Antony Deschamps, Lamartine, Hugo et Alexandre Dumas.

Ce dernier surtout avait dans la maison ses coudées franches. Il nomme encore aujourd'hui Béranger son père, et Béranger le nomme son fils.

— Mais quel fils ! ajoute le patriarche, et de combien de fredaines il s'est rendu coupable !

Parfois le journaliste Fontan venait se joindre à ce groupe littéraire. Il connaissait Béranger de longue date. On nous a donné comme certaine l'anecdote suivante :

Un jour que le poëte était au travail, il

vit entrer Fontan, pâle, les yeux allumés
par la colère et la lèvre frémissante.

— Qu'avez-vous ? demanda Béranger.

— Maître, dit le journaliste, je viens
vous dire adieu.

— Vous partez en voyage ?

— Non ; mais les gendarmes seront demain à ma porte. J'ai deux ans de prison
en perspective.

— Miséricorde ! Pourquoi ?

Fontan saisit les mains du poëte et murmura, d'une voix où la douleur se mêlait
à la rage :

— Vous connaissiez Galotti ?

— Beaucoup. Un réfugié napolitain...

— Précisément. Galotti croyait trouver
chez nous un asile inviolable. Eh bien, non !
La France n'est plus le pays de l'honneur

et de l'hospitalité politique. Nos indignes
ministres ont renvoyé Galotti, pieds et
poings liés, à son gouvernement.

— C'est impossible !

— N'est-ce pas ? Je disais comme vous :
« C'est impossible ! » Mais l'infamie est
trop évidente, les nouvelles de Naples sont
authentiques. Voici ce que j'insère demain
dans l'*Album*.

Béranger prit une épreuve que Fontan
lui présentait.

— Lisez ! dit le journaliste.

Béranger lut :

« Galotti a été pendu, entendez-vous,
monsieur de Portalis ? pendu aux potences
monarchiques ! Vous avez passé la corde
autour du cou de Galotti, le bourreau na-

politain a fait le reste : honneur à vous
deux ! »

— Voilà des lignes héroïques, dit Béranger. Dans la balance des lâches, elles
valent, en effet, deux ans de prison: Pre-
nez garde et réfléchissez, il en est temps
encore.

— Maître, demanda Fontan, jamais la
crainte du cachot vous a-t-elle fait biffer
un seul de vos couplets?

— Jamais, répondit le chansonnier.

— Alors votre exemple est noble à suivre, et je ne bifferai pas une lettre. Tout
s'imprimera!

L'article parut, le lendemain, en tête
de la première colonne du journal. Ar-
rêté, comme il l'avait prévu, et traîné devant les juges, Fontan voulut se défendre

lui-même. Il termina par cette phrase courageuse :

« Sous l'indignation de ma conscience, j'ai pris la plume ; j'ai écrit sans peur et sans réticences ; je n'ai rien caché, j'ai bien fait ! »

La condamnation de Fontan a eu pour seule et unique cause l'article inséré dans l'*Album* et non le *Mouton enragé*, comme l'affirme M. Alexandre Dumas dans ses Mémoires, beaucoup trop inexacts pour leur étendue.

En 1829, les œuvres de Béranger étaient en pleine voie de publication.

Comme un malheur n'arrive jamais seul, notre poëte, après sa captivité à la Force, devait se trouver en présence de la

ruine. Le bruit se répandit que la maison
de son éditeur venait de suspendre ses paye-
ments. Il était menacé de perdre dix-huit
mille francs, seule ressource qu'il eût pour
l'avenir.

Instruit du chagrin de Béranger, et sa-
chant qu'on ne réussirait point à lui faire
accepter un secours, Laffitte appela dans
son cabinet Hector Bossange, libraire qui
commençait à jouir de quelque renom.

— Voici, dit-il en ouvrant sa caisse,
dix-huit billets de mille francs. Serrez-les
dans votre portefeuille, et allez de ce pas
chez Béranger. Vous lui proposerez de vous
mettre au lieu et place des frères Beaudouin pour exploiter ses œuvres pendant
trois années consécutives, à raison de six
mille francs par an. Il acceptera, et vous
me rembourserez quand les bénéfices de l

vente auront atteint le double de la somme
totale.

Hector Bossange prit le chemin de la
rue des Martyrs. Le chansonnier l'accueillit
comme un véritable envoyé du ciel.

Ils rédigèrent sans plus de retard toutes
les clauses du marché. Bossange tira ses
billets de banque, les étala triomphalement
sur une table, et Béranger signa l'acte.

— Ah! parbleu! dit-il au libraire en lui
serrant les mains avec joie, vous pouvez
vous flatter de jouer aujourd'hui le rôle de
la Providence!

Un scrupule traversa l'esprit de Bossange.

En recevant les témoignages de grati-
tude du poëte, il se sentit à la gêne, et,
malgré les recommandations qui lui avaient

été faites, il ne crut pas devoir cacher le nom de l'homme généreux dont il exécutait les ordres.

Béranger tenait encore l'acte entre les mains : il le déchira sans hésitation, dit à Bossange de reprendre les dix-huit mille livres et ne voulut plus écouter un mot au sujet de cette affaire.

On a dit que c'était de l'orgueil ; c'était tout simplement de la dignité[1].

Il se remit au travail.

Une tendre et constante amie[2] l'encourageait de ses sourires. Elle l'avait consolé

[1] Béranger n'en conserva pas moins à Laffitte une vive reconnaissance. Il eut d'autant plus à se féliciter de sa conduite, qu'il fut, dans la même journée, rassuré sur le sort de sa créance, qui lui fut religieusement payée, sans l'intervention d'aucun ami officieux.

[2] Madame Judith Allard.

à l'heure de la persécution, et continuait
de lui prodiguer les marques du dévouement la plus généreux, de l'affection la
plus sincère.

Béranger résolut de garder toujours
près de lui l'ange qui était venu s'asseoir
à son foyer.

> Vous vieillirez, ô ma belle maîtresse !
> Vous vieillirez, et je ne serai plus.
> Pour moi le temps semble dans sa vitesse
> Compter deux fois les jours que j'ai perdus.
> Survivez-moi, mais que l'âge pénible
> Vous trouve encor fidèle à mes leçons ;
> Et bonne vieille, au coin d'un feu paisible,
> De votre ami répétez les chansons.

Tout à coup les nouveaux refrains du
poëte furent interrompus par la fusillade
de Juillet.

Béranger tressaillit. L'émeute ne lui
semblait pas si prochaine. Cette monar-

chie dont il minait depuis quinze ans la base et qui s'écroulait avec fracas ; cette lutte sanglante qu'il avait, pour ainsi dire, provoquée ; ce canon vengeur à la lumière duquel il avait, en se jouant, porté la mèche, tout lui causa une sorte d'effroi.

L'oiseau se tait pendant l'orage. Béranger ne chanta ni la bataille ni la victoire.

Il laissa ce soin à Casimir Delavigne, dont les strophes burlesques donneront à nos derniers neveux une idée fort médiocre de l'enthousiasme des trois jours. La *Parisienne* et *Marlborough s'en va-t-en guerre* marchent aujourd'hui sur la même ligne.

Mais, si Béranger ne se montrait pas, le peuple songeait à lui. Son buste, couronné sur tous les théâtres de la capitale, fut salué par des cris d'amour. Jamais on ne vit plus éclatant triomphe. Nos provinces firent écho, et la France n'eut qu'une voix pour applaudir le père de la révolution.

Dès ce jour, Béranger crut sa tâche finie. A ses yeux, une telle ovation devenait une apothéose. Après être monté si haut, il craignit de redescendre.

« Vous le savez, je n'ai d'autre fortune que ma gloire, disait-il à ceux qui voulaient lui remettre en main son luth : Souffrez que je la ménage. Le poëte est mort, l'homme se repose... Adieu! »

Il ajoute dans une de ses préfaces :

« Jusqu'à présent, je n'ai eu qu'à me louer de la jeunesse; je n'attendrai pas qu'elle me crie : Arrière, bonhomme! laisse-nous passer! »

On ne peut sans injustice blâmer le soin
que Béranger prend de sa gloire. Il lui était
facile de battre monnaie avec sa renommée; les éditeurs eussent couvert d'or un
de ses manuscrits. Mais il sentait que ses
deux muses, la muse politique et la muse
égrillarde, avaient rempli leur mission. Tout
en désapprouvant ce qui avait lieu; la première ne pouvait plus fouetter personne;
un sentiment de tact et de convenance l'o-
bligeait à jeter la verge, sous peine d'être
accusée de mécontentement perpétuel et
d'attaque systématique. Pour la seconde,
elle commençait à vieillir, et ce n'était plus
l'heure de chanter Suzon, Lisette et Jeanneton.

Béranger sut échapper encore à un autre écueil.

Tous ses amis montaient au pouvoir.
L'ambition venait frapper, à sa porte, en
lui apportant la carte des nouveaux ministres; mais le poëte lui cria, comme autrefois à la fortune :

   « Passe ton chemin, je n'ouvre pas! »

> Non, mes amis, non, je ne veux rien être;
> Semez ailleurs places, titres et croix.
> Non, pour les cours Dieu ne m'a point fait naître :
> Oiseau craintif, je fuis la glu des rois.
> . . . .
>
> Votre tombeau sera pompeux sans doute;
> J'aurai sous l'herbe une fosse à l'écart.
> Un peuple en deuil vous fait cortège en route;
> Du pauvre, moi, j'attends le corbillard.
> En vain on court où votre étoile tombe;
> Qu'importe alors votre gîte ou le mien?.
> La différence est toujours une tombe.
> En me créant Dieu m'a dit : Ne sois rien.

  Le Béranger d'alors est absolument le
Béranger d'aujourd'hui. Son caractère et

ses résolutions n'ont pas dévié d'une ligne.
C'est un sage des anciens jours.

Après la mort de Manuel, son plus cher
et son plus constant ami, le poëte quitta la
rue des Martyrs et se retira dans un petit
logément de la rue de la Tour-d'Auvergne.

En 1830, assailli par une foule de visites
plus importunes les unes que les autres, il
alla demeurer à Passy. Mais il était encore
trop près de la capitale pour ne pas être
obsédé par cette foule de curieux étourdis,
que toute célébrité attire et qui ressemblent
à des papillons nocturnes tourbillonnant
autour d'un flambeau.

Notre poëte n'est pas du caractère de
beaucoup de grands hommes, il n'aime
point à poser. L'admiration le fatigue et la
louange le blesse.

Il alla se cacher à Fontainebleau ; puis, ne se trouvant pas encore assez loin de Paris, il transporta ses pénates en Touraine.

On cherchait surtout à connaître quelle pouvait être l'occupation de Béranger dans sa solitude. Le bruit courait, et ce bruit n'était pas dénué de fondement, qu'il allait publier une *Histoire des Contemporains*, terrible concurrence, que jamais nos malheureux petits volumes n'auraient pu soutenir.

Heureusement nous n'avons plus rien à craindre à ce sujet.

— Avancez-vous dans votre travail ? lui demanda un jour Perrotin [1], qui eût été,

[1] Tout le monde connaît l'admirable conduite de cet éditeur, qui eut, après les frères Beaudouin, l'exploitation des œuvres du poëte. C'est un de ces hommes loyaux et probes qui ne s'en tiennent pas aux clauses

6

selon toute vraisemblance, l'éditeur de cette œuvre curieuse.

— Non : je vais tout jeter au feu, répondit Béranger.

— Ah ! fit Perrotin confondu.

— J'aurais eu trop de mal à dire de mes amis, ajouta le poëte, et, ma foi, j'y renonce.

---

tyranniques des traités, et qui partagent toujours avec un auteur la fortune qu'ils doivent à son génie. Une lettre, que la reconnaissance de Béranger a rendue publique, contient ce passage : « Il y a douze ans, mon cher Perrotin, que je vous cédai toutes mes chansons faites ou à faire pour une modique rente viagère de 800 fr. Le public m'ayant conservé toute sa bienveillance, de vous-même alors, et à plusieurs reprises, vous avez augmenté cette rente que ma signature vous donnait le droit de laisser à son premier chiffre. Bien plus, vous n'avez cessé de me prodiguer les soins dispendieux, les attentions délicates d'un dévouement que je puis appeler filial, etc. ». Ces phrases n'ont pas besoin de commentaires : écrites par Béranger, elles font à tout jamais la gloire d'un homme.

Il brûla son manuscrit avant d'aller se
réfugier à Tours.

Là, presque tout son temps se passait à
jouer aux boules ou à cultiver des dahlias
comme un vrai bourgeois désœuvré de
province. Nous signalons le *Béranger
jouant aux boules* à quelque peintre de
genre qui voudrait obtenir à la prochaine
exposition un succès populaire.

Béranger, personne ne l'ignore, est la
bonté même.

Un malheureux n'a jamais frappé à sa
porte sans être accueilli; mais plus d'une
fois on l'a rendu victime de sa bienveillance.

Un homme de lettres, obscur encore, et
dont le talent pouvait grandir, poussé un
jour par la misère, commit un acte d'in-

délicatesse assez grave pour se voir exposé
à la flétrissure des tribunaux. Le poëte lui
tendit la main au bord de cet abîme, le
sauva de la prison et lui ouvrit sa bourse,
afin de le détourner à l'avenir de toute
pensée coupable.

Il avait affaire à une nature ingrate, qui
profita de ses bienfaits et de son accueil
pour l'exploiter chaque jour, sans profit
pour le travail et pour les lettres. Béranger ne tarda pas à comprendre qu'il n'ar-
rêterait jamais cette âme pervertie sur le
chemin du déshonneur.

Voyant reparaître chez lui son indigne
protégé, après le choléra de 1832, le poëte
lui dit ;

— Quoi ! c'est encore vous?..... Ah !

quelle belle occasion vous avez manquée de mourir!

Lorsque Béranger put croire que les importuns, les curieux et les ingrats avaient perdu sa trace, il revint dans sa chère petite maison [1].

Un soir, mademoiselle Déjazet, au retour d'une promenade au bois de Boulogne, passait, sans le savoir, devant la porte du poëte.

— C'est ici que demeure Béranger, dit la personne qui se trouvait avec elle.

— Béranger! murmura l'actrice tout émue; vous avez dit Béranger?

[1] Chez madame Béga, rue Vineuse, à Passy. Il y resta jusqu'en 1848. La République le ramena à Paris, rue d'Enfer. Aujourd'hui il demeure à Beaujon, dans une pension bourgeoise, avenue Chateaubriand.

— Sans doute. Vous devez le con
naître ?

— Je ne l'ai vu qu'une seule fois, chez
Perrotin... il y a bien longtemps. Com-
prenez-vous cela? moi, Frétillon, je con-
nais à peine Béranger.

— Si vous désirez que je vous pré-
sente...

— Vraiment oui, sur-le-champ, sans
retard... Quel bonheur! cria Déjazet, bat-
tant des mains avec joie.

Son compagnon entra pour annoncer à
l'ermite de Passy que mademoiselle Déjazet demandait à lui faire visite.

Chose incroyable! Béranger n'avait jamais assisté aux représentations du Palais-
Royal, bien qu'il eût plus d'une fois
éprouvé le désir d'aller voir le charmant

lutin qui popularisait chaque soir ses plus
belles créations [1].

Il se hâta de courir au-devant de l'actrice, et ils s'embrassèrent comme de vieux
amis.

Béranger ouvrit à mademoiselle Déjazet
sa modeste chambre.

— Depuis sept ou huit ans, lui dit-il, je
ne vous voyais plus que dans vos portraits.

— Et moi, dit l'excellente fille, je vous
voyais toujours dans mon cœur.

Ils se regardèrent ensuite longtemps
sans proférer une parole : l'émotion de la
jolie visiteuse avait gagné le poëte.

— Voulez-vous que je vous chante une

[1] Naturellement timide, il craint toujours d'être re-
connu ; les curiosités indiscrètes l'embarrassent.

de vos chansons? dit-elle en s'agenouillant devant lui.

— Je vous écouté, répondit Béranger.

Déjazet posa ses petites mains entre les mains du vieillard. Elle commença le premier couplet de Frétillon ; mais tout à coup, par un de ces phénomènes intimes et mystérieux de notre nature, qui placent les larmes tout près de la-joie, elle se mit à sangloter, et son hôte fit comme elle.

Jamais l'actrice ne put achever le couplet.

Souriant au travers de ses pleurs, elle fit promettre à Béranger de venir l'entendre au Palais-Royal.

— J'irai demain, répondit le poëte.

Il tint parole ; et, comme nos lecteurs le dévinent, l'affiche annonçait *Frétillon*.

Béranger, perdu dans l'ombre d'une baignoire, vit jouer mademoiselle Déjazet pour la première fois.

Depuis 1850, il avait, en quelque sorte, fait le serment de ne rien publier de nouveau. Toutefois il ne put s'empêcher de jeter un cri d'alarme le jour où il vit la Pologne étranglée par le czar.

Comme ce chef mort pour notre patrie,
Corps en lambeaux dans l'Elster retrouvé,
Au bord du gouffre un peuple entier nous crie :
« Rien qu'une main, Français, je suis sauvé ! »

Mais les accents patriotiques du vieux chansonnier ne montèrent pas jusqu'au trône, où l'égoïsme et la paix à tout prix venaient de s'asseoir.

Béranger n'aimait pas Louis-Philippe.

— Il reste encore quelques bons cœurs,

disait-il; mais, grâce à cet homme, ils
n'ont plus ni bras ni jambes. Le roi des
barricades tue son siècle. En l'écoutant,
tous mes amis ministres ne font que des
sottises. Je leur conseille de dicter leur
testament sans plus de retard, et de nom-
mer la République leur légataire univer-
selle.

Notre chansonnier lisait dans l'avenir.

En 1848 comme en 1830, fidèle à son
rôle d'abnégation franche et de retraite
absolue, il vit avec déplaisir qu'on le por-
tait à la représentation nationale. Une
seule fois il alla s'asseoir sur les bancs de la
Constituante, pour reconnaître l'honneur
que lui faisait le peuple; mais il n'y re-
tourna plus.

« Qu'irai-je leur *chanter*, bon Dieu !

s'écriait-il : on ne s'entendrait plus, ils
parlent déjà trop ! »

Cette répugnance à hanter les hautes
sphères et cet éternel dédain pour des ho-
chets que tout le monde envie sont peut-être
enfants de l'orgueil ; mais on aurait tort
d'en faire un reproche à Béranger. Nous
avons vu, de nos jours, beaucoup trop de
gens descendre de leur gloire, en essayant
de gravir l'échelle politique.

Après tout, l'orgueil qui refuse est plus
respectable que l'orgueil qui demande.

On est venu vingt fois proposer à Béranger le trône académique, vingt fois il a
répondu qu'il n'en voulait pas. Ceci n'est
plus de l'orgueil, c'est de la finesse. Les
humiliations de Balzac et les déboires de
Victor Hugo lui donnaient à réfléchir. Dans

cette illustre corporation où l'intrigue règne en souveraine, il comptait nombre d'ennemis politiques et de jaloux, qui pouvaient très-bien lui promettre leur vote, sans tenir parole à l'heure du scrutin.

La médiocrité se venge du talent comme elle peut.

Béranger savait que l'auteur des *Orientales*, se fiant un jour à de semblables promesses, avait été supplanté par M. Dupaty. Le candidat vainqueur était venu, le soir même, rendre visite au candidat vaincu. Comme la porte de Victor Hugo refusait de s'ouvrir, le nouvel académicien avait écrit sur sa carte les rimes suivantes:

Avant vous je monte à l'autel;
Mon âge y pouvait seul prétendre.
Déjà vous êtes immortel,
Et vous avez le temps d'attendre.

C'était joli, mais c'était triste !

Tout en appréciant à leur juste valeur les quatrains de M. Dupaty, Béranger ne tenait pas à les lire dans une circonstance analogue.

Eh quoi! vous n'avez pas Béranger parmi vous, messieurs de l'Institut, et vous demandez qu'il brigue cet honneur? Vous renversez purement et simplement la question. C'est à vous de prendre le diamant pour le faire briller dans votre écrin, où les pierres fausses, hélas ! sont en trop grand nombre. Il n'ira pas s'y placer de lui-même, soyez-en sûrs. On ne consulte pas Béranger, messieurs, on le nomme. Si vos règlements s'y opposent, changez vos règlements, et ne souffrez pas que la tombe de notre poëte national réveille le souvenir, honteux pour vous, de la tombe de Balzac.

Nos lecteurs trouveront peut-être que, dans cette biographie, nous avons consacré trop peu de lignes à l'appréciation des œuvres de Béranger.

Quand le soleil luit, on regarde le soleil, on se chauffe à ses rayons, et l'on ne cherche à expliquer ni son éclat ni sa chaleur.

Au point où en est la gloire littéraire du chansonnier, c'est un astre que les aveugles seuls peuvent se plaindre de ne pas voir. Quelqu'un s'avisera-t-il de prouver aujourd'hui que Pindare, Horace, Molière et la Fontaine sont de grands poëtes?

Béranger a soixante-quatorze ans [1].

---

[1] On nous assure qu'il s'est repenti d'avoir brûlé ses révélations sur les hommes de son siècle. On lui aurait

Il est frais, robuste, vert et plein de
santé comme un jeune homme. Son esto-
mac fait honte à nos pauvres-estomacs dé-
biles.

Quand on le voit courir Paris à pied d'un
bout à l'autre, on lui donnerait un demi-
siècle de moins. Le chansonnier va rendre
visite à ses vieux amis ; il les a conservés
tous, du moins ceux dont ne l'a pas sé-
paré la mort.

C'est aujourd'hui surtout qu'il peut dire :

> Et, bonne vieille, au coin d'un feu paisible,
> De votre ami répétez les chansons.

fait comprendre que la vérité est une dette que tout
homme célèbre doit à l'histoire de son pays, et Perrotin, dit-on, a deux manuscrits entre les mains,
prêts à être publiés quand le poète aura fermé les yeux.
L'un est un manuscrit de vers inédits ; l'autre contien-
drait les *Mémoires* de Béranger.

Mais Béranger reste pour les entendre.
Dieu merci, tous ses couplets n'ont pas été
prophétiques. Sa chère compagne le garde
près d'elle. Ensemble ils ont franchi la
jeunesse, ils vieillissent ensemble et sa-
luent le doux fantôme du passé qui vient à
eux sur l'aile du souvenir. Le couchant de
ces deux existences jumelles est sans nuage,
il ressemble à leurs plus beaux jours.

On vous dira : Savait-il être aimable ?
Et sans rougir vous direz : Je l'aimais !
D'un trait méchant se montra-t-il capable ?
Avec orgueil vous répondrez : Jamais.

Ces deux derniers vers seront dans la
bouche de nos petits-enfants, toutes les fois
qu'ils parleront de Béranger.

Nous leur apprendrons, ô vieux patriarche ! que chez toi la bonté s'alliait au gé-

nie et que tu as toujours marché modeste-
ment dans le chemin de la gloire.

Va, sois sans crainte, ta renommée ne
peut périr !

Si la moralité rigoureuse n'absout pas
entièrement tes chansons, du moins aurait-
elle tort de s'effaroucher outre mesure.
Nous ne condamnerons pas ta douce philosophie, puisqu'elle a fait ton bonheur et
le bonheur de ceux que tu as aimés.

Si nous t'avons vu rire des hommes, de
leur sotte ambition, de leurs fausses doctrines, de leurs allures hypocrites, jamais
tu n'as érigé l'impiété en système. Jamais,
comme Voltaire et Satan, tu n'as attaqué
l'œuvre de Dieu.

Achève en paix ta longue carrière, dont
l'honnêteté fut toujours la compagne.

Puisses-tu ne descendre que le plus tard possible dans ta tombe glorieuse. La France écrira ton nom parmi ses noms immortels et se fera gardienne de tes cendres.

FIN.

NOTE SUR L'AUTOGRAPHE

Nous ne pouvons pas donner le nom de la personne à laquelle est adressée la lettre que nous reproduisons; mais on comprendra par le texte même qu'elle a été écrite à l'un de ces enfants prodigues de l'art, auxquels, de tout temps, la bourse de Béranger a été ouverte.

Je ne puis vous prêter que 120 f mon cher Papillon et encore j'en aurai cette somme à votre disposition que dans huit jours. Retenez bien que ce n'est qu'à un prix que cette fois je puis vous faire ce que je vois, d'après votre lettre, c'est que vous avez dévoré 2100 f en fort peu de temps, comme vous ferez toujours.

Quant au Daguerréotype, c'est un nouveau joujou que vous voulez vous donner pour vos étrennes, et que comme tous les enfants, vous ne tarderez pas à briser.

Tout à vous, jusqu'à concurrence de 120 f.

Béranger

23 octbre

www.ingramcontent.com/pod-product-compliance
Lightning Source LLC
Chambersburg PA
CBHW070127100426
42744CB00009B/1761